BEI GRIN MACHT SICH IHR WISSEN BEZAHLT

- Wir veröffentlichen Ihre Hausarbeit, Bachelor- und Masterarbeit

- Ihr eigenes eBook und Buch - weltweit in allen wichtigen Shops

- Verdienen Sie an jedem Verkauf

Jetzt bei www.GRIN.com hochladen und kostenlos publizieren

Bibliografische Information der Deutschen Nationalbibliothek:

Die Deutsche Bibliothek verzeichnet diese Publikation in der Deutschen Nationalbibliografie; detaillierte bibliografische Daten sind im Internet über http://dnb.d-nb.de/ abrufbar.

Dieses Werk sowie alle darin enthaltenen einzelnen Beiträge und Abbildungen sind urheberrechtlich geschützt. Jede Verwertung, die nicht ausdrücklich vom Urheberrechtsschutz zugelassen ist, bedarf der vorherigen Zustimmung des Verlages. Das gilt insbesondere für Vervielfältigungen, Bearbeitungen, Übersetzungen, Mikroverfilmungen, Auswertungen durch Datenbanken und für die Einspeicherung und Verarbeitung in elektronische Systeme. Alle Rechte, auch die des auszugsweisen Nachdrucks, der fotomechanischen Wiedergabe (einschließlich Mikrokopie) sowie der Auswertung durch Datenbanken oder ähnliche Einrichtungen, vorbehalten.

Impressum:

Copyright © 2016 GRIN Verlag, Open Publishing GmbH
Druck und Bindung: Books on Demand GmbH, Norderstedt Germany
ISBN: 9783668448025

Dieses Buch bei GRIN:

http://www.grin.com/de/e-book/365380/geheime-verbindungen-und-gesellschaften-im-deutschen-raum-im-18-und-fruehen

Andreas Schmidt

Geheime Verbindungen und Gesellschaften im deutschen Raum im 18. und frühen 19. Jahrhundert. Jüdische Gemeinden, Freimaurer, Studentenorden, Illuminati

GRIN Verlag

GRIN - Your knowledge has value

Der GRIN Verlag publiziert seit 1998 wissenschaftliche Arbeiten von Studenten, Hochschullehrern und anderen Akademikern als eBook und gedrucktes Buch. Die Verlagswebsite www.grin.com ist die ideale Plattform zur Veröffentlichung von Hausarbeiten, Abschlussarbeiten, wissenschaftlichen Aufsätzen, Dissertationen und Fachbüchern.

Besuchen Sie uns im Internet:

http://www.grin.com/

http://www.facebook.com/grincom

http://www.twitter.com/grin_com

GEHEIME VERBINDUNGEN UND GESELLSCHAFTEN IM DEUTSCHEN RAUM

Proseminararbeit Einführung in das Studium der Neueren Geschichte

SOMMERSEMESTER2016

Inhaltsverzeichnis

Einleitende Worte 2
Gesellschaften und Verbindungen 4
    Jüdische Gemeinden 4
    Knappen, Berg- und Hüttenleute 4
    Kriminelle Verbindungen 4
    Freimaurer 5
    Studentenorden und Landmannschaften 5
    Rosenkreutzer 5
    Illuminaten 6
    Deutsche Union der XXII 6
    Die Vereinigten 6
Verbindungen unter genauer Betrachtung 7
    Die Freimaurer 7
    Die Studentenorden 9
    Die Illuminati 10
Konklusion 11
Literatur 12
Quellen 12

Einleitende Worte

In jeder Epoche der Menschheitsgeschichte gab es in sich geschlossene Gesellschaften. Manche verfolgten politische Ziele, andere entstanden aus Arbeitsbedingungen heraus und wiederum andere entwickelten sich aus der Not heraus, um die Existenz einer Volksgruppe oder ethnischen „Minderheit" zu gewährleisten. Diese Proseminararbeit befasst sich mit verschiedenen Gesellschaften und Verbindungen im deutschen Raum im 18. und frühen 19. Jahrhundert. Zu dieser Zeit wurden besonders viele Verbindungen und Gesellschaften gestiftet. Zu sehen ist dies an den Gesetzen, welche erlassen wurden um gegen diese „Geheimbündelei" vorzugehen.[1] Teilweise stand auf diesbezügliche Vergehen die Todesstrafe. Da dies ein sehr komplexes Thema ist, werden die einzelnen Gesellschaften nur überblickshaft behandelt. Alles andere würde den Rahmen dieser Arbeit bei weitem sprengen.

Als Basisliteratur dienen Schuster Georgs Werk „Geheime Gesellschaften, Verbindungen und Orden", eine Neuauflage eines älteren Werkes, welches gute Einblicke in eine verborgene Welt bietet. Weiters das Buch von Boberski Heiner, Gnaiger Peter, Haidinger Martin, Schaller Thomas, Weichinger Robert mit dem Titel „Mächtig Männlich, Mysteriös, Geheimbünde in Österreich", ebenfalls ein Fenster in eine verborgene und geheime Welt. Auch Wendling Peters „Die Macht der Geheimbünde, Freimaurer, Rosenkreuzer, Tempelritter & Co" findet Beachtung, obwohl es in manchen Punkten etwas plakativ wirkt. Eine weitere Orientierung erfährt diese Arbeit durch eine Exkursion mit dem Titel „Jüdische Lebenswelten".

Die Arbeit selbst teilt sich in die Aufzählung und Kurzbeschreibung diverser Verbindungen und Gesellschaftsmodelle, gefolgt von einer genaueren Beschreibung der, nach Meinung des Autors, wichtigsten „Parallelgesellschaften". Den Schluss bildet ein Ausblick auf die folgenden Zeiten und ein Resümee.

Der Begriff „Parallelgesellschaften" ist bewusst gewählt, da sich viele Verbindungen und Gesellschaften zwar aus dem Volk heraus, jedoch in weiterer Folge parallel dazu entwickelt haben. Fremdartig anmutende Rituale und Bräuche wurden eingeführt, die in der Gesellschaft zum Teil bis heute, sofern überliefert, auf Ablehnung stoßen. Jedoch prägen gerade diese Parallelgesellschaften die gesellschaftliche Entwicklung entscheidend. Dies liegt zum einen

---

[1] §128 RStGB Geheimbündelei

daran, dass sich die Mitglieder gegenseitig unterstützten, wodurch Lehren und Theorien schneller verbreitet werden konnten und Mitglieder erfolgreicher wurden. Zum anderen entstanden durch die bloße Existenz dieser Vereinigungen Ängste in der herrschenden Schicht. So nahmen die Geheimbünde auch Einfluss auf die Gesetzesentwicklung. Durch das Fehlen von weiblichen Mitgliedern werden in dieser Arbeit geschlechterspezifische Aussagen gleichgesetzt.

Gesellschaften und Verbindungen

Die ersten drei Gesellschaften gehören eigentlich nicht zu diesem Thema, jedoch sind sie aufgrund ihres Wertes für die Entwicklung unserer Gesellschaft kurz erwähnt. Natürlich ist auch hier nur ein kurzer Auszug möglich, da es sich um eine Proseminararbeit handelt.

Jüdische Gemeinden

Die erste Gesellschaft auf die diese Arbeit eingehen wird sind die jüdischen Gemeinden. Diese sind zwar keine geheime Verbindung aber man kann sie als Parallelgesellschaft bezeichnen. In allen größeren Städten gab es jüdische Viertel, die zum Teil eine eigene Verwaltung unter dem Schutz des Herrschers genossen. Diese teils erzwungene, teils freiwillige Abschottung führte zur Entwicklung einer eigenen Kultur, aber leider auch zu Anfeindungen mit den übrigen Teilen der Bevölkerung.[2] Natürlich gab es auch Verbindungen innerhalb dieser Bevölkerungsgruppe, allerdings würde deren Analyse den Rahmen sprengen.

Knappen, Berg- und Hüttenleute

Die Knappen und Bergleute bildeten eine eigene Gesellschaft, da sie meist weit abseits von urbanen Regionen arbeiteten. Diese Gesellschaft erschuf eigene Bräuche und Riten, die sich bis in die heutige Zeit gehalten haben. Beispiel sind der Ledersprung und der Gruß „GLÜCK AUF". Im 19. Jahrhundert beriefen sich einige studentische Verbindungen auf das Bergbauwesen, als Beispiel ist das akad. Corps Schacht in Leoben zu nennen.

Kriminelle Verbindungen

Zu erwähnen sind auch Zusammenschlüsse von kriminellen Organisationen. Diese dienten den Verbrechern als Sicherheit vor der staatlichen Gewalt. So entwickelte sich auch hier eine eigene Gesellschaft mit teils eigener Sprache[3].

---

[2] Brugger, Eveline/ Keil, Martha/ Lichtblau, Albert/ Lind, Christoph/ Staudinger, Barbara: Geschichte der Juden in Österreich, St. Pölten, 1984.
[3] Rotwelsch

Nun folgt eine Auswahl von Geheimen Verbindungen, welche im deutschen Raum tätig waren.

Freimaurer

Die ersten Freimaurerlogen wurden in Großbritannien gegründet und fanden aber großen Anklang in vielen Ländern der Welt. Natürlich auch im deutschsprachigen Raum. [4] Um die Freimaurer ranken sich viele Mythen und Legenden. Unbestritten ist jedoch, dass dieser Grundgedanke ausschlaggebend für die Gründung vieler anderer Geheimbünde war.[5] Eine genauere Betrachtung dieser Gesellschaft folgt.

Studentenorden und Landmannschaften

Die Landmannschaften entstanden aus den sogenannten Bursen heraus. Eine Burse war eine, von wohlhabenden Leuten gestiftete Unterkunft für Studenten. Die Landmannschaften waren Zusammenschlüsse von Studenten mit gleicher Herkunft. Die einzelnen Nationen unterschieden sich durch Trachten und das Tragen von farbenreichen Bändern. Mit Beginn des 19. Jahrhunderts bildeten sich aus den Landmannschaften die sogenannten Corps.[6] Ein bekannter Vertreter ist der Mosellanerorden.[7] Diese Studentenorden werden später genauer beleuchtet.

Rosenkreutzer

Die Sozietät der goldenen Rosenkreutzer trat erstmals 1757 in Frankfurt auf. Sie bestand aus Chemikern, Physikern und Alchemisten, welche sich zusammenschlossen. Die Freimaurer waren für diese Verbindung die Vorlage. Die Vereinigung sah als Ziel, das Stillen von Wissensdurst und die Erforschung neuer Erkenntnisse.[8]

---

[4] Schuster, Georg: Geheime Gesellschaften, Verbindungen und Orden, Köln, o.A,p. 3–23.
[5] Ranieri, Luigi: Die Loge, Macht und Geheimnis der Freimaurer, Wiesbaden 2004.
[6] Schuster: Geheime Gesellschaften, Köln, o.A.,p.213–216.
[7] Schuster: Geheime Gesellschaften, Köln, o.A.,p.217.
[8] Schuster: Geheime Gesellschaften, Köln, o.A,p.115–120.

Illuminaten

Der Orden der Illuminaten[9] wurde 1776 in München gestiftet. Als Stifter gilt Adam Weishaupt. Kaum eine andere Verbindung ist so mysteriös und legendenumschlungen wie diese.[10] Die Stiftung dieser Verbindung verweist auf den Willen, revolutionäres Gedankengut im deutschen Raum einzubringen.[11] Eine weitere Beschreibung folgt.

Deutsche Union der XXII

Karl Friedrich Bahrdt stiftete 1775 einen Bund unter dem Namen „Deutsche Union der XXII. Der Name bezieht sich auf die Stiftungsmitgliederanzahl. Ziel dieser Verbindung war die Aufklärung der Menschheit und die Inthronisierung des Aberglaubens. Dies sollte mit der allmählichen Kontrolle der Presse und des Buchhandels erreicht werden. Die Versuche endeten mit einer Anklage wegen Geheimbündelei. Der Versuch einer Neustiftung 1791 blieb erfolglos.[12]

Die Vereinigten

Diese Verbindung ist ausschließlich im Lungau im Salzkammergut zu finden. Sie wurde 1738 von Johann Kopfmüller, Jakob Ferner und Josef Löcker gegründet. Hintergrund waren in erster Linie wirtschaftliche Belange. Ziel war es jene, die keiner Handwerksinnung angehörten zu vereinen. Man traf sich mehrmals im Jahr zu Umzügen. Besonders der „Jahrestag" war zu begehen.[13]

---

[9] Die Erleuchteten
[10] Hammermayer Ludwig, Ludz Peter Christian((Hsg.): Geheime Gesellschaften, Heidelberg 1980.
[11] Schuster: Geheime Gesellschaften, Köln, o.A.,p.114–150.
[12] Schuster: Geheime Gesellschaften, Köln, o.A.,p.243–244.
[13] Gnaiger Peter: „Die Vereinigten"-Ein langes Schweigen, p.123–130,In: Boberski, Heiner/ Gnaiger, Peter/ Haidinger, Martin/ Schaller, Thomas/ Weichinger, Robert: Mächtig Männlich, Mysteriös, Geheimbünde in Österreich, Salzburg, 2005.

Verbindungen unter genauer Betrachtung

Nun folgend werden Freimaurer, Studentenorden und Illuminaten ausführlicher behandelt.

Die Freimaurer

Die Gründung der Freimaurer erfolgte 1723 in Großbritannien. Eine Loge hatte ursprünglich eine dreistufige Gliederung.[14] Die Aufnahme erfolgte nach Anfrage und einem strengen Ritual mit Entkleidung, einer Zeit der Selbsterkenntnis und einem Schwur. Danach trat man in die erste Stufe. Diese erste Stufe war die des Lehrlings. Dieser bekam einen rauen Stein und einen Flachmeißel zur Bearbeitung.[15] Dies sollte die Arbeit an dem eigenen Ich zeigen. Die nächste Stufe, wenn man als würdig erachtet wurde, war der Geselle. Dieser hatte die Verpflichtung sich mit den „Septem Artes" auseinanderzusetzen, also den sieben Künsten der Antike[16]. Weiters musste er auf Reisen gehen und andere Logen kennenlernen. Danach erfolgte die Ernennung zum Meister vom Stuhl. Diese Ernennung erfolgte mittels Meisterbrief. Interessant ist, dass diese Meisterbriefe bereits vorgedruckt waren und nur der Name handschriftlich ergänzt wurde.[17] Dieser Grad steht für die Vergänglichkeit des Seins. Der Meister trug Verantwortung für seine Mitmenschen. Die dreistufigen Logen werden auch blaue oder St. Johannis-Logen genannt. Im Laufe der Zeit entwickelten sich noch mehrere andere Hochgrade.[18] Dies führte soweit, dass es Schwindler gab, die ahnungslosen Menschen versprachen, sie, für Investitionen, in dubiose Grade einzuführen.[19] Der Zuwachs an Graden hatte den Grund, dass sich höhere Kreise abgrenzen wollten. So wurde der aufklärerische Gedanke untergraben.[20] Die Struktur der Freimaurer selbst dient vielen anderen Verbindungen jener Zeit als Grundaufbau. Die Grundsätze der Freimaurer sind Freiheit, Gleichheit, Brüderlichkeit, Toleranz und Humanität.[21] Eines der bekanntesten Mitglieder der Großloge von Österreich war der Komponist Wolfgang Amadeus Mozart.[22]

---

[14] Schaller: Mächtig Männlich Mysteriös, Salzburg 2005, p. 75.
[15] Wendling, Peter: Die Macht der Geheimbünde, Freimaurer, Rosenkreuzer, Tempelritter & Co, München 2006, p. 25–26.
[16] Grammatik, Rhetorik, Dialektik, Geometrie, Arithmetik, Musik, Astronomie.
[17] Meisterbrief, 03.Juli 1789, Freimaurermuseum Schönau, Zwettl.
[18] Schuster: Geheime Gesellschaften, Köln, o.A.,p.551.
[19] Wendling: Macht der Geheimbünde, München 2006, p.42–44.
[20] Ranieri: Loge, Wiesbaden 2004, p. 29.
[21] Wendling, Peter: Macht der Geheimbünde, München 2006, p. 32.
[22] Schaller, Thomas: Mächtig Männlich Mysteriös, Salzburg 2005, p.89.

Die Freimaurerei verfügt über eine ausgeprägte Symbolik. Das bekannteste Zeichen sind Zirkel und Winkelmaß.[23] Ein Bild der sogenannten Großloge von Österreich ist voll versteckter Symbolik.[24]

Abb.: Die Wiener Freimaurerloge "Zur gekrönten Hoffnung". Gemälde, um 1785 (Historisches Museum der Stadt Wien).

Im rechten Bereich dieses Bildes soll auch Wolfgang Amadeus Mozart zu finden sein. Der Künstler dieses Werkes ist leider nicht bekannt. . Ignaz Unterberger oder Gottlieb Raehmel kommen als Schöpfer dieses Bildes in Frage. 1795 fand die Freimaurerei in Österreich ein vorübergehendes Ende, da man diesen geheimen Bund für den Ausbruch der französischen Revolution verantwortlich machte. Der Bund existierte im Geheimen weiter.[25] Die Freimaurer sind bis heute aktiv. Vielen ehemaligen Regierungsvertretern wird ein freimaurerischer Hintergrund nachgesagt.[26] Als Beispiel ist der ehemalige Bundeskanzler Dr. Bruno Kreisky zu nennen. Dieser war nach Angaben der Wiener Großloge zu keinem Zeitpunkt Mitglied.

---

[23] Schuster: Geheime Gesellschaften, Köln, o.A.,p.12.
[24] Wiener Freimaurerloge "Zur gekrönten Hoffnung". Gemälde, um 1785 (Historisches Museum der Stadt Wien).
[25] Wehler, Hans-Ulrich: Deutsche Gesellschaftsgeschichte 1700–1815, Band 1, In: Vom Feudalismus des Alten Reiches bis zur Defensiven Modernisierung der Reformära. C.H. Beck, 4. Auflage, München 2007, p. 312.
[26] Schaller: Mächtig Männlich Mysteriös, Salzburg 2005, p.79.

Die Studentenorden

Die Studentenorden sind, nach Meinung einiger Forscher[27], aufgrund des Aufbaues und der zeitnahen Entstehung, von den Freimaurerlogen inspiriert. Die frühen studentischen Orden hatten keinerlei politische Bestrebungen. Der Mosellaner-Orden ist die erste bekannte Landsmannschaft. Sie wurde in Jena gestiftet. Die Zecherei und der Duelldrang innerhalb der Verbindung führte dazu, dass sich 1771 die „tauglichsten Subjecte"[28] zusammenschlossen. Dieser Zusammenschluss wurde LOrdre de lAmitié genannt. Die Ordensbrüder waren Mitglieder der Mosellaner, jedoch war ihre Gesetzesauslegung strenger. Das Ziel, die Sitten der Mosellaner zu verbessern uferte immer weiter aus. Dies führte schließlich zu einem Verbot des Ordens und aller Landsmannschaften 1781. Kurz danach versuchten sich beide Organisationen neu zu formieren. 1790 verschwanden beide Organisationen in Jena. Grund war die Stiftung einer „gelehrten Loge" durch die „Senioren" der oben genannten Verbindungen. Diese Organisation entfremdete sich aber zunehmend von dem studentischen Leben und wurde schließlich verboten.[29] Der Orden der Amicisten konnte sich zwar in anderen Universitätsstädten entwickeln aber nicht lange halten. Die letzten Reste des Amicistenordens wurden 1811 unter Verruf gestellt. Nach dem vorläufigen Ende in Jena 1781 schlossen sich Teile der Amicisten zu einer Verbindung zusammen, die sich der Orden der „schwarzen Brüder" nannte.[30] Das Treiben der Verbindung war so unrühmlich, dass 30 Brüder ihren Austritt erklärten und das Corps Onoldia stifteten.[31] 1804 verliert sich die Spur der „schwarzen Brüder". Von da an entstandenen aus den Überresten dieser Orden das Corpswesen. Auch die Corps hatten kein politisches Engagement. Das Fehlen von politischem Bewusstsein führte schließlich 1806 zur Gründung der ersten sogenannten Burschenschaft in Jena. Sie hatte einen ähnlichen Verhaltenskodex wie die Corps nur verpflichtete sich diese neue Verbindung zur Verbreitung politischen Gedankengutes.[32] Am 31. August 1819 wurden sämtliche studentischen Verbindungen verboten. Dies ist auf das Bestreben des kaiserlichen Außenministers Klemens von Metternich zurückzuführen.[33] Die Verbindungen existierten im Geheimen fort und sind auch heute in allen Universitätsstädten des deutschen Raumes und sogar in Chile, Budapest und Israel anzutreffen.

---

[27] Schuster: Geheime Gesellschaften, Köln, o.A.,p. 216.
[28] Schuster: Geheime Gesellschaften, Köln, o.A.,p.217.
[29] Wehler: Deutsche Gesellschaftsgeschichte, München 2007, p. 228.
[30] Schuster: Geheime Gesellschaften, Köln, o.A.,p.225.
[31] Schuster: Geheime Gesellschaften, Köln, o.A.,p. 229.
[32] Wehler: Deutsche Gesellschaftsgeschichte, München 2007, p. 242.
[33] Siemann, Wolfram: Metternich, Staatsmann zwischen Restauration und Moderne, München 2010, p. 93.

Die Illuminati

Die Verbindung der Iluminati ist eine der Mysteriösesten. Um sie ranken sich die meisten Verschwörungstheorien. Nach offiziellen Angaben hatte der Geheimbund nur eine sehr kurze Bestandszeit. Er existierte von 1776 bis 1785. Trotz dieser Angaben wird den Illuminaten nachgesagt, dass sie Mitauslöser der Französischen Revolution waren. Dies kann allerdings nicht bestätigt werden.[34] Belegt ist jedoch, dass die Stiftung des Bienenordens durch Dr. Adam Weishaupt am 01. Mai 1776 in Ingolstadt erfolgte. Kurz darauf erfolgte die Umbenennung auf Illuminati. Die Vereinigung hatte das Ziel, die Aufklärung weiter voranzutreiben und so jegliches Herrschaftsprinzip überflüssig zu machen. Die Illuminati verbreiteten sich schnell im deutschen Raum. Im Jahr 1780 gab es in 70 Städten Sprengel. Den Grund für die rasche Expansion sehen Historiker im Beitritt von Adolph Freiherr von Knigge. Der Bund stand in enger Verbindung mit den Freimaurern. Dies zeigt sich an der Anlehnung am Gradsystem der Freimaurer. Die untersten Grade waren die des Novizen, des Minerval[35] und des Illuminatos minor. Die nächste Stufe nahmen der Illuminatos major und der Illuminatus regens ein. Zuletzt gab es auch eine Mysterienklasse.[36] Diese bestand aus Priester, Regent, Magus[37] und Rex. Die Illuminaten gaben sich Geheimnamen wie Spartacus[38] oder Abaris[39]. Des Weiteren wurden Decknamen für Städte und Länder eingeführt. Die Illuminati fertigten auch einen eigenen Kalender an. Die Jahreszählung begann im Jahr 632.[40] Streitigkeiten zwischen dem Freiherren Knigge und Dr. Weißhaupt führten zu einer Schwächung des Ordens. Am 02. März 1785 folgte ein Verbot wegen Landesverrats[41]. Im April desselben Jahres versuchten einige Nachfolgeorganisationen zu errichten. Bekannt sind die „Weimarer Minervalkirche" und der „Orden der unsichtbaren Freunde". Im August 1787 wurde das Verbot weiter verschärft, die Rekrutierung wurde unter Todesstrafe gestellt. Nun wurden auch die Namen von Mitgliedern bekanntgegeben. Dies löste in der Öffentlichkeit eine „Illuminatenhysterie" aus und war für den Orden das endgültige Aus. Gerade diese Hysterie die diese Bekanntmachungen auslöste hält zum Teil bis in die heutige Zeit an. Die Illuminati sollen, Verschwörungstheoretikern zufolge, weiterexistiert und die Französische Revolution ausgelöst haben. Auch die Gründung und den Aufstieg der

---

[34] Frietsch, Wolfram: Die Illuminaten, Geschichte, Herkunft, Ziele, Graz 2011, p. 85.
[35] Eine Anlehnung an die römische Weißheitsgöttin
[36] Schuster: Geheime Gesellschaften, Köln, o.A, 166–168.
[37] Zauberer
[38] Adam Weißhaupt
[39] Johann Wolfgang von Goethe
[40] Todesjahr Mohammeds
[41] Schuste:, Geheime Gesellschaften, Köln, o.A., p.172.

Vereinigten Staaten von Amerika soll der Bund beeinflusst haben.[42] Dies kann aber nicht nachgewiesen werden und alle Quellen sprechen dagegen. 2003 wurde der Name des Ordens wieder populär, da der Autor Dan Brown einen Roman darüber verfasste.[43] Die Geschichte, welche von Dan Brown erzählt wird, hat, bis auf die Namen, keinen historischen Bezug. 2009 kam es zu einer Verfilmung des Buches und somit zu einem neuen Interesse der Gesellschaft an Geheimbünden.

Konklusion

Im 18. Jahrhundert kann man von einer wahren „Geheimbundmanie" sprechen. Dies ist Sinnbild für die Umbrüche jener Zeit. Die Macht, die diese Bünde tatsächlich ausübten ist fraglich, jedoch ist unbestritten, dass diese Verbindungen die Aufklärung voranbrachten. Die Treffen waren eine Möglichkeit sich auszutauschen und zu philosophieren. So konnten neue Ideen schneller in Umlauf gebracht werden. Dass die Bünde einen hohen Anteil an Akademikern und Adeligen hatten[44] ist auch schnell erklärt. Diese Menschen hatten Zeit, sich mit philosophischen Dingen zu beschäftigen. Sämtliche Geheimbünde waren, wie anfangs erwähnt, reine Männerbünde. Frauenvereinigungen wurden erst sehr viel später entwickelt. Heute existieren bei vielen Vereinigungen, weibliche Pendants. So kommt es auch in dieser, früher männerdominierten, Welt, zu einer Gleichberechtigung.[45] Die Ängste in der Öffentlichkeit, Geheimbünde könnten sie regieren, kommen von der Unwissenheit die das geheime Wirken erzeugt. Diese Furcht vor einer unbekannten Macht ist auch heute noch verbreitet. Als bestes Beispiel hierfür kann man die Wahl des österreichischen Bundespräsidenten 2016 erwähnen. Ein Kandidat ist bekennendes Mitglied einer Pennalen Burschenschaft[46]. Verschwörungstheoretiker versuchen die geheime Macht der Bünde hervorzuheben, dies geschieht, weil sie die Welt komplexer machen wollen als sie ist. Ob sich hinter manchen Mythen ein wahrer Kern verbirgt, lässt sich durch die bloße Erforschung nur schwer feststellen. Da die noch existenten Bünde ein Schweigegelübde haben, dringen wenige Informationen nach außen.

---

[42] Rheinalter, Helmut: Die Weltverschwörer. Was Sie eigentlich alles nie erfahren sollten, Salzburg, 2010, p. 76–80.
[43] Brown, Dan: Illuminati, München, 2003.
[44] Zum Teil 80%
[45] Z.B. Stiftung von akad. Mädelschaften, Frauenlogen
[46] Schlagende Schulverbindung

Literatur

- Boberski, Heiner/ Gnaiger, Peter/ Haidinger, Martin/ Schaller, Thomas/ Weichinger, Robert: Mächtig Männlich, Mysteriös, Geheimbünde in Österreich, Salzburg, 2005.
- Brown, Dan: Illuminati, München, 2003.
- Brugger, Eveline/ Keil, Martha/ Lichtblau, Albert/ Lind, Christoph/ Staudinger, Barbara: Geschichte der Juden in Österreich, St. Pölten, 1984.
- Frietsch, Wolfram: Die Illuminaten, Geschichte, Herkunft, Ziele, Graz 2011.
- Hammermayer, Ludwig: Ludz Peter Christian((Hsg.), Geheime Gesellschaften, Heidelberg 1980.
- Rheinalter, Helmut: Die Weltverschwörer. Was Sie eigentlich alles nie erfahren sollten, Salzburg, 2010.
- Ranieri, Luigi: Die Loge. Macht und Geheimnis der Freimaurer, Wiesbaden 2004.
- Schuster, Georg: Geheime Gesellschaften, Verbindungen und Orden, Köln, o.A.
- Siemann, Wolfram: Metternich, Staatsmann zwischen Restauration und Moderne, München 2010.
- Wehler, Hans-Ulrich: Deutsche Gesellschaftsgeschichte 1700–1815, Band 1, In: Beck C.H., Vom Feudalismus des Alten Reiches bis zur Defensiven Modernisierung der Reformära. C.H. Beck, 4. Auflage, München 2007.
- Wendling, Peter: Die Macht der Geheimbünde, Freimaurer, Rosenkreuzer, Tempelritter & Co, München 2006.

Quellen

- Meisterbrief, 03.Juli 1789, Freimaurermuseum Schönau, Zwettl.
- Reichsstrafgesetzbuch.
- Wiener Freimaurerloge "Zur gekrönten Hoffnung". Gemälde, um 1785 (Historisches Museum der Stadt Wien).
- Gedenktafel Illuminatenversammlungssaal, Theresienstraße 23, Ingolstadt.

BEI GRIN MACHT SICH IHR WISSEN BEZAHLT

- Wir veröffentlichen Ihre Hausarbeit, Bachelor- und Masterarbeit

- Ihr eigenes eBook und Buch - weltweit in allen wichtigen Shops

- Verdienen Sie an jedem Verkauf

Jetzt bei www.GRIN.com hochladen und kostenlos publizieren